Sylvie Vanhoucke

Naar het ziekenhuis

UITGEVERIJ
DE EENHOORN

NAAR HET ZIEKENHUIS

Je kan op verschillende manieren in het ziekenhuis terechtkomen.

Soms weet je al een hele poos dat je naar het ziekenhuis moet. Dan kun je samen met je ouders alles voorbereiden. Ze brengen je gewoon met de auto naar het ziekenhuis.

Het kan ook zijn dat er plotseling iets met je gebeurt. Dan belt iemand de hulpdiensten en komt een ziekenwagen je halen.

Als je niet ver van het ziekenhuis woont en je niet ernstig ziek of gewond bent kun je er zelf heen lopen.

3

WAT NEEM JE MEE?

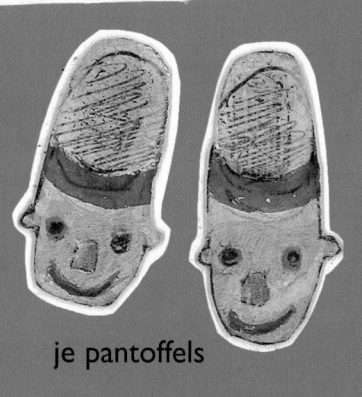

je pantoffels

je lievelingspyjama

speelgoed

schrijfgerief

4

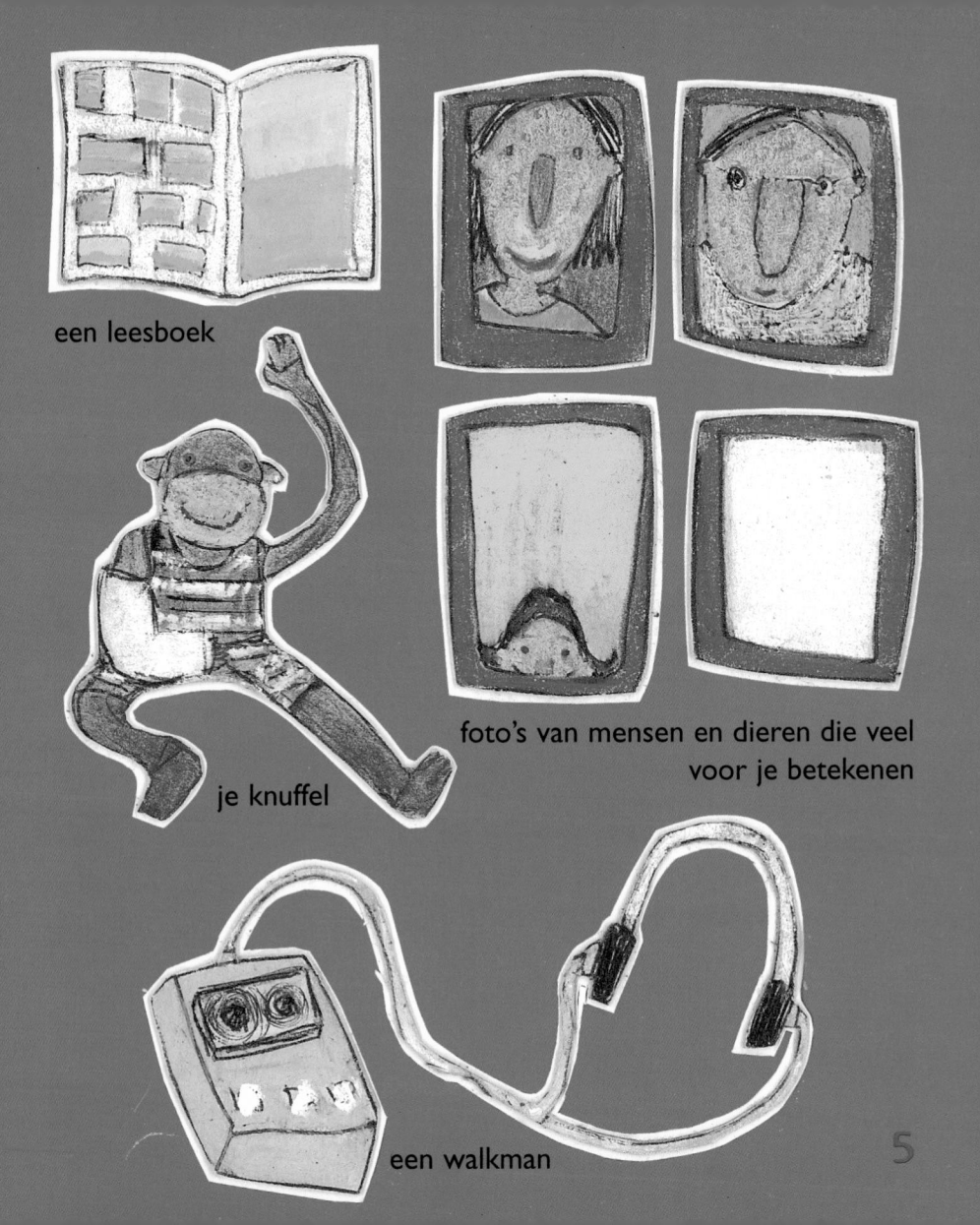

een leesboek

je knuffel

foto's van mensen en dieren die veel
voor je betekenen

een walkman

5

onderhemdjes

een beker

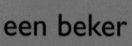

onderbroeken

zeep

tandpasta

je tandenborstel

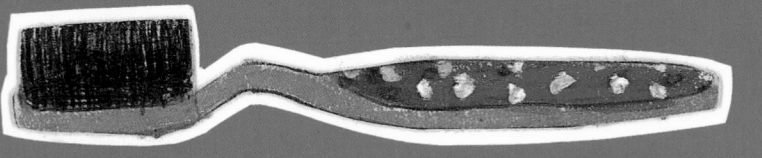

een kam

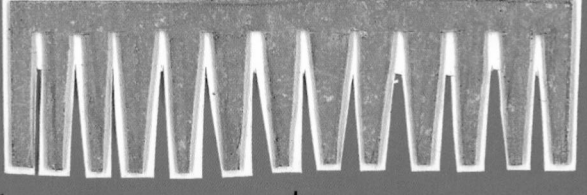

washandjes

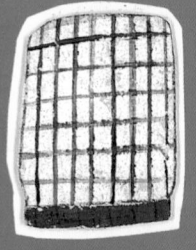

6

Wat mag er niet mee?

Ken je nog andere spullen die je niet mag meenemen?

een zakmes

de goudvis

de hond

Receptie:
De receptie bevindt zich in de hal van het ziekenhuis. Hier kun je allerlei informatie krijgen. Je kunt er vragen op welke kamer de persoon ligt die je wilt bezoeken of waar de spreekkamer van de dokter is.

Uithangbord:
Dit bord hangt in de hal. Hierop staan alle afdelingen vermeld en wordt aangegeven hoe je daar komt.

Spreekkamer van de dokter:
Als je een afspraak hebt met een dokter, dan ga je naar zijn spreekkamer. Het kan zijn dat je eerst nog moet wachten in de wachtkamer, als de dokter nog iemand anders aan het onderzoeken is.

De verschillende afdelingen:
Een ziekenhuis is onderverdeeld in verschillende afdelingen:
- de kinderafdeling
- de kraamafdeling
- ...

Keuken:

Alle mensen in het ziekenhuis moeten eten: alle patiënten, de mensen die er werken, de bezoekers.

Het eten wordt door de kok en zijn assistenten klaargemaakt in de keuken.

Schoonmaakploeg:

Elke dag wordt er in het ziekenhuis schoongemaakt. Per afdeling is er een schoonmaker of schoonmaakster.

Operatiekamer:

Als je moet geopereerd worden, brengt iemand je eerst naar de wachtkamer, hier moet je afscheid nemen van je ouders. Daarna word je geopereerd in de operatiekamer. Na de operatie kun je bijkomen in de ontwaakkamer.

Kinderafdeling:

Dit is de afdeling waar jij ook ligt. Hier liggen alleen maar kinderen.

Je eigen kamer:

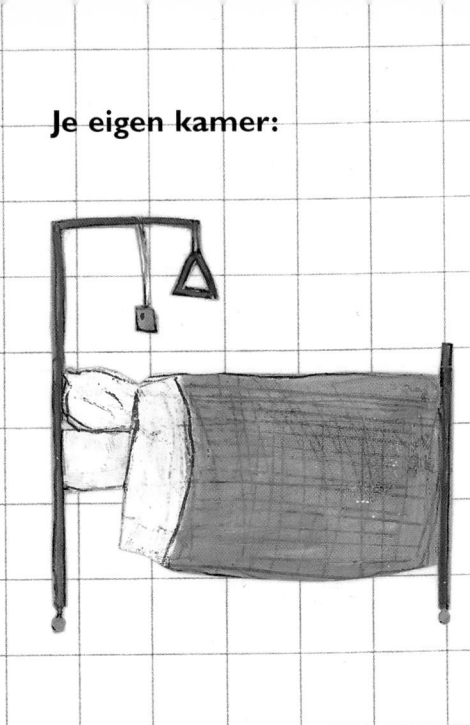

Je eigen kamer is er natuurlijk ook nog.
Het bed is hoog opdat de verpleegkundigen je gemakkelijker kunnen wassen en verzorgen. Het staat op wieltjes om je naar de dokter te brengen en om het bed te kunnen verplaatsen tijdens het schoonmaken. Er hangt een metalen staafje boven je hoofd waaraan je je kunt optrekken. Aan het bed hangt ook een bel om de verpleegkundige te roepen.

In de kleerkast leg je je kleren en de spullen die je van thuis hebt meegenomen.

Je hebt een nachtkastje op wieltjes met een uitklapbare eettafel. Hier kun je je spulletjes in opbergen en de eettafel kun je ook gebruiken als schrijftafel.

De bel gebruik je als je schrik hebt, als je voeteinde hoger of lager moet staan, als je naar het toilet moet en je bed niet uit kan. Je krijgt dan een bedpan of een plasfles.

Maar bel nu niet de hele tijd, want de verpleegkundigen moeten veel mensen verzorgen.

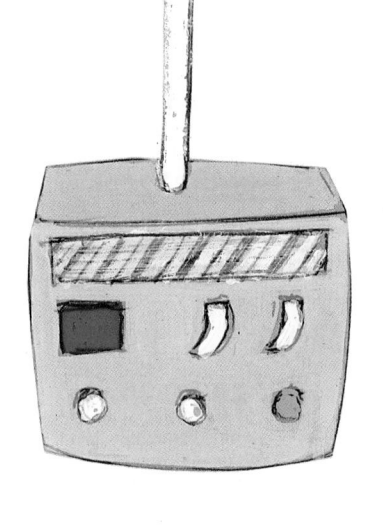

EEN DAG IN

ochtend
De nachtverpleegkundige gaat
naar huis.
De dagploeg begint te werken.
Je temperatuur wordt gemeten.
Je krijgt je ontbijt.
Sommige kinderen krijgen
geneesmiddelen.

voormiddag
Papa en mama mogen bij je op
de kamer.
Je mag jezelf wassen. Als je dat
leuker vindt, komt de verpleegkundige helpen, of helpen papa
en mama je.
Je wordt verzorgd. De dokter
komt elke dag naar je kijken.
Misschien moet je naar een
andere afdeling voor een onderzoek.
Je bed wordt opgemaakt en de
kamer opgeruimd.

Als je niet erg ziek bent, mag je
naar de speelkamer om te knut-
selen, te spelen of te lezen.

middag
Je eet in de speelkamer of in je
eigen kamer.
Je krijgt geneesmiddelen.
Alle patiënten gaan rusten.

namiddag
Je mag bezoek hebben of naar
de speelkamer gaan.
Je krijgt je vieruurtje.
Sommige kinderen krijgen medi-
cijnen.
Je temperatuur wordt gemeten.

HET ZIEKENHUIS

avond

Je krijgt je eten op je kamer.
Het bezoek gaat naar huis. Papa
en mama blijven nog een tijdje.
Je gaat nog eens plassen, je tan-
den poetsen. Dan stoppen papa
en mama je in bed met een
dikke knuffel en gaan naar huis.
De verpleegkundige brengt de
medicijnen en gaat naar huis.

nacht

De nachtploeg is er weer.
Als je iets nodig hebt, kun je de
nachtverpleegkundige bellen.

De grote lichten gaan uit.
In de kamers en ook op de
gang.

De noodverlichting op de gang
blijft branden.

Dat zijn maar kleine lichtjes.
In het bureau van de hoofdver-
pleegkundige brandt er wel
licht.

Als je bang bent van een
vreemd geluid dat je hoort, of
als je het eng vindt in het don-
ker, dan mag je gerust de verpleegkundige bellen en ze zal je
zeker komen geruststellen.

's Nachts krijg je geen bezoek.
Ieder ziekenhuis heeft bezoekuren.
Je ouders mogen wel buiten die
bezoekuren bij je komen.

de dokter

14

de verpleegkundigen

de chirurg

de receptioniste

de kok

16

De dokter:

Je dokter weet veel van je ziekte. Hij zal je met de juiste behandeling en geneesmiddelen weer gezond maken. De dokters in het ziekenhuis zijn allemaal specialisten:

De kinderarts of pediater is gespecialiseerd in kinderziekten.

De anesthesist is de dokter die je in slaap brengt voor een operatie.

De chirurg is gespecialiseerd in operaties.

De dermatoloog is de specialist van de huid.

De pneumoloog is de specialist van de longen.

De uroloog is de specialist van nieren en urinewegen.

Verder zijn er ook nog oogartsen, neus-keel-oorartsen, ...

de schoonmaakster

de ruitenwasser

RUITEN -
WASSER.

17

HET ETEN

In het ziekenhuis wordt het eten bereid in een heel grote keuken. Er werken verschillende koks en andere mensen helpen hen: ze maken de groenten schoon, wassen af,...

Alles wordt klaargemaakt in grote hoeveelheden.

De verpleegkundige komt vragen wat je wil eten. Het kan gebeuren dat je niet alles mag eten. Dan ben je op dieet. De verpleegkundige weet precies welk dieet je moet volgen. Ze vult op haar lijst in wat je die dag te eten krijgt. Die lijst wordt naar de keuken gebracht samen met de lijsten van de andere kinderen. Zo weten de koks wat ze allemaal klaar moeten maken. De verpleegkundigen moeten tegen etenstijd naar de keuken om de kar met jullie eten op te halen. Het eten staat op een dienblad met een deksel erop. Zo blijft het warm.

Als je uit je bed mag, kun je aan de tafel eten of samen met de andere kinderen in de eetkamer van de afdeling. Anders eet je in je bed en staat je dienblad op je eettafel.
Als je klaar bent met eten haalt de verpleegkundige je dienblad op en zet het terug op de kar. Die kar wordt weer naar de keuken gebracht. Daar wordt alles in grote machines afgewassen.

De koks doen hun best om lekker te koken. Niet iedereen vindt het eten in een ziekenhuis lekker. Dat komt doordat alles in zulke grote hoeveelheden gemaakt wordt.

19

BEZOEK

Als je in het ziekenhuis ligt zullen je familieleden en vrienden je komen bezoeken.
Er zijn bezoekuren. De mensen mogen je tijdens de bezoekuren een bezoekje brengen.
Bezoek krijgen is meestal leuk, maar soms ben je te moe om veel drukte te verdragen. Als dat het geval is, kun je dat gerust zeggen.

Het leuke is dat sommige bezoekers een cadeautje meebrengen.

In België en Nederland mogen ouders soms bij hun kind in het ziekenhuis blijven slapen.

In Italië is het zo druk in de ziekenhuizen dat de bedden er zelfs op de gang staan. Italiaanse ouders zitten er de hele nacht op een stoel.

In Portugal staat het volgende in de wet: als je jonger bent dan veertien mogen je ouders altijd blijven slapen in het ziekenhuis. Je hoeft er niet eens heel erg ziek voor te zijn. Alleen kan het daar vaak niet omdat er niet genoeg bedden zijn.

In Rusland vinden ze het beter dat kinderen die in het ziekenhuis liggen helemaal geen bezoek krijgen. Want iedereen die van buiten komt, kan een nieuwe ziekte mee naar binnen brengen. Zelfs als er een baby geboren wordt, komen de vader en de andere kinderen meestal niet kijken.

In landen als China zijn er zo weinig verpleegkundigen dat de familie wel moet blijven slapen. Ze moeten het kind wassen en eten geven..

Zoek de verschillen tussen
de nachtverpleegkundige
en de dagverpleegkundige.

PIJN

Als je opgenomen wordt in het ziekenhuis, dan komt daar meestal ook pijn bij kijken. Pijn is niet leuk maar het hoort erbij.

In Engeland en Duitsland zeggen ze **autsj**. **Oi** zeggen de Russen. **Ai** hoor je het allermeest. Dat jammeren de Spanjaarden, de Italianen, de Zweden en de Zwitsers. De Grieken gillen **Eh**. Als ze zich in Turkije heel erg pijn doen, roepen ze **agg**. Maar jij zegt, net als alle kinderen in Vlaanderen en Nederland: **Auw**!!

MOEILIJKE WOORDEN

Aërosol:
Apparaat om langs een masker een geneesmiddel in te ademen.

Anesthesist:
De specialist die je in slaap doet voor een operatie en ervoor zorgt dat je rustig wakker wordt als de operatie voorbij is.
Je mama of papa blijven bij je tot je slaapt. En als je wakker wordt zijn ze er ook weer. De anesthesist blijft tijdens je operatie bij je.

Appendix:
Het wormvormig aanhangsel van de blindedarm. Als de appendix ontstoken is heb je een appendicitis en moet je waarschijnlijk geopereerd worden.

Astma:
Als je aan astma lijdt heb je vaak te weinig lucht.
Sommige kinderen krijgen astma van stof, damp, rook of mist. Als je een hevige astma-aanval krijgt moet je naar het ziekenhuis. Daar krijg je geneesmiddelen om beter te kunnen ademen.

Brandwonden:

Je kunt brandwonden oplopen als je huid in aanraking komt met hete vloeistoffen of voorwerpen. Spoel de wonde overvloedig met water. Eerst water, de rest komt later.

Als je ernstig verbrand bent, dek je de wonde, na het spoelen, af met vochtige doeken en moet je zo snel mogelijk naar het ziekenhuis.

Bloeddruk:

De druk van het bloed op de wand van je slagader. De verpleegkundige meet de bloeddruk met een bloeddrukmeter.

Breuk:

Als je valt kan je een bot breken. Het groeit vanzelf weer aan elkaar. Soms moet de dokter de uiteinden weer tegen elkaar zetten. Anders groeien ze fout aan elkaar. Als het nodig is gebruikt de dokter een roestvrij plaatje en schroeven om het bot op de juiste plaats te houden.

Diarree:

Je buik doet pijn, je moet vaak naar het toilet en je stoelgang is waterig. De Nederlandse naam is trouwens buikloop. Bij ernstige diarree verlies je veel vocht en moet je een infuus krijgen.

Echografie:

Dit is een "foto" van de binnenkant van je lichaam. Je krijgt een papje op je buik gesmeerd. Daarna wrijft de dokter er met een apparaatje over. Door de terugkaatsing van geluidsgolven kun je de binnenkant van je lichaam op het scherm zien. Van dit beeld wordt een foto gemaakt. Het is een ongevaarlijk en pijnloos onderzoek. Vraag eens aan je mama of ze nog een echografie heeft van jou als baby in haar buik!

Electro-cardiogram (e.c.g.):

Is een tekening die laat zien hoe je hart werkt. Met kabeltjes vastgeplakt op je lichaam wordt de werking van je hart automatisch op papier geschreven.

Electro-encefalogram (e.e.g.):

Is een tekening die laat zien hoe je hersenen werken. Je krijgt een muts op je hoofd. Deze muts is via verschillende draadjes met een apparaat verbonden. Het apparaat onderzoekt hoe je hersenen werken en schrijft het op papier.

Hersenschudding:

Door een harde klap of stoot op je hoofd kun je een hersenschudding krijgen. Je kunt daardoor het bewustzijn verliezen, braken, duizelig zijn... Om goed te genezen moeten je hersenen zoveel mogelijk rusten: dus niet lopen, geen televisie kijken, veel slapen.

Infuus:

Is een klein, dun buisje dat de dokter of de verpleegkundige in een ader op je hand, je arm of voet steekt. Aan dat buisje hangt een plastic zak gevuld met een kiemvrije vloeistof. In de vloeistof kunnen voedingsstoffen zitten of een geneesmiddel. Een infuus krijg je als je niet kunt of mag eten en drinken. Of als je dikwijls een inspuiting moet krijgen om te genezen.

Kiemvrij:

Betekent: heel zuiver, zonder microben. Kraaknet.

Kinesitherapeut:

Als je je spieren en gewrichten een tijdje niet gebruikt, kunnen ze stijf en stram worden. Een kinesitherapeut helpt je dan om ze weer los en soepel te maken met oefeningen en massage.
De kinesitherapeut helpt ook kinderen die hun slijm moeilijk kunnen ophoesten: hij (of zij) klopt zachtjes op hun borstkas.

Koorts:

Je lichaam heeft een binnentemperatuur. Normaal bedraagt die ongeveer 37°C. Als je ziek bent of een ontsteking hebt, stijgt je temperatuur. Zodra die meer dan 38°C bedraagt, heb je koorts.

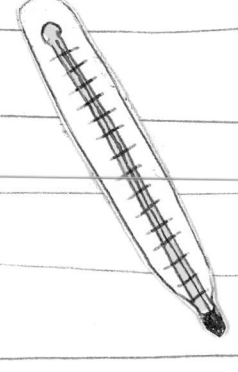

Longontsteking:

Je kunt een ontsteking of een infectie van het longweefsel hebben. Je kunt dan moeilijk ademen, je moet hoesten en je hebt hoge koorts.

Operatiezaal:

Is een speciale zaal waar de chirurg operaties uitvoert. Er staat een operatietafel met een grote ronde lamp erboven. En allerlei apparatuur die gebruikt wordt tijdens de operatie.

Iedereen die hier binnenkomt draagt een speciale schort, een masker en handschoenen om alles kiemvrij te houden.

Patiënt:

Een zieke die verzorgd wordt door de dokters en verpleegkundigen is een patiënt.

Radiografie:

Een foto gemaakt van de binnenkant van je lichaam, vooral van de botten (je bovenbeen, je schedel, je bekken, ...) De foto wordt gemaakt met speciale stralen, X-stralen. Bij een echografie worden geluidsgolven gebruikt.

30

Reanimatiekamer:

Wordt ook wel ontwaakkamer genoemd. Hier word je langzaam wakker na een operatie. Je zult nog wel even suf en slaperig zijn.

Scanner:

Is een grote machine waarmee je de binnenkant van je hoofd en lichaam op een scherm kunt zien. Wordt vooral gebruikt om de organen te bekijken (je hersenen, lever,...)

Stethoscoop:

Hiermee kan de dokter naar de geluiden van je hart, je longen of je buik luisteren.

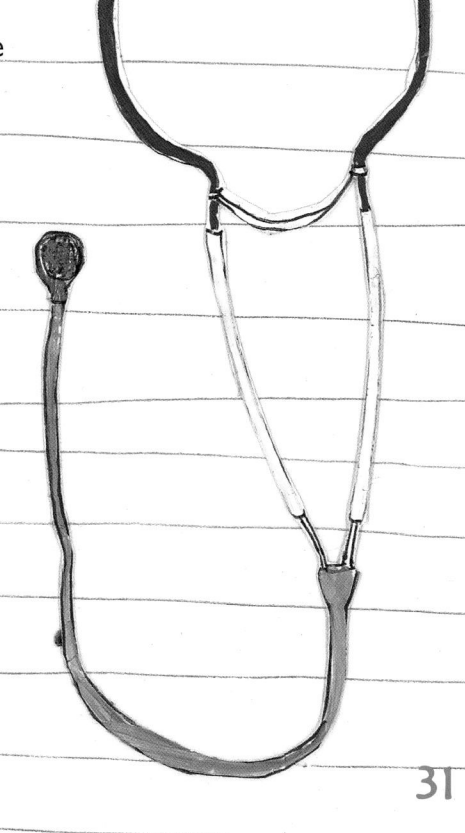

CIP-gegevens: Koninklijke Bibliotheek Albert I
Tekst en illustraties: Sylvie Vanhoucke
Druk: Oranje, Sint-Baafs-Vijve
Gezet in GillSans

© 2000 Uitgeverij De Eenhoorn bvba, Vlasstraat 17, B-8710 Wielsbeke

D/2000/6048/149
NUGI 210
ISBN 90-5838-073-4